Angelika Hahn

Filigrane Faltbänder zur Herbstzeit

ENGLISCH VERLAG

Die Deutsche Bibliothek – CIP-Einheitsaufnahme
Filigrane Faltbänder zur Herbstzeit / Angelika Hahn. – Wiesbaden: Englisch, 1999
ISBN 3-8241-0912-3

ISBN 3-8241-0912-3

Fotos: Frank Schuppelius
Printed in Spain

Inhaltsverzeichnis

Vorwort 5

Material und Werkzeug 6

Arbeitsanleitung 7

Herbstliche Faltbänder 9
Igel im Herbstlaub 9
Fliegenpilze 10
Birnen 11
Äpfel 12
Weintrauben 13
Maiskolben 14
Goldenes Korn 15
Kürbiskette 16
Blumenkörbe 17
Sonnenblumen 18
Herbstlich-bunte Bäume 19
Eichenlaub 20
Eichhörnchen 20
Herbstlaub 22
Blätterranken 23
Vogelscheuchen 24
Lustige Drachen 25
Regenschirme 26
Regenmännchen 27
Wolken 28
Halloween 29
Hexentanz 30
Geistertanz 31

Vorwort

Der Sommer geht zu Ende und die sonnige, farbige Herbstzeit beginnt. Wenn draußen die Blätter langsam bunt werden, ist es besonders schön, sich dieses fröhliche Farbenspiel auch mit ins Haus zu nehmen. Die Jahreszeiten sind unerschöpfliche Ideengeber für Raum-, Tisch- und Fensterdekorationen. Jede Jahreszeit und jedes große Fest hat ganz typische Merkmale, die sich gut zum Dekorieren eignen. Im Herbst sind es das Erntedankfest, Halloween, die bunten Blätter, die reifen Früchte aber auch der Wind und der Regen.

Mit Faltbändern können Sie diese Ideen ohne viel Material und Aufwand umsetzen und Ihr Fenster in einen originellen Blickfang verwandeln oder einen Farbtupfer für Ihren Küchentisch basteln. Faltbänder eignen sich auch für Tischkarten und zur Verzierung von Einladungen. Sicher fallen Ihnen beim Lesen und Arbeiten der herbstlichen Faltbänder noch viele andere Verwendungsmöglichkeiten ein.

In diesem Buch werden einfarbige Faltbänder, Bänder mit aufgesetzten Elementen in verschiedenen Farben oder Faltbänder, die aus zwei Motiven bestehen, vorgestellt.

Viel Spaß beim Schneiden und Basteln wünscht *Angelika Hahn*

Material und Werkzeug

Folgende Materialien und Bastelwerkzeuge werden für die Herstellung von Faltbändern benötigt:

- Tonpapier in verschiedenen Farben
- Transparentpapier in verschiedenen Farben
- Fotokarton für die Schablonen
- Kohlepapier
- Bleistift
- Geodreieck
- Cutter oder Schere (möglichst eine Silhouettenschere)
- Klebestift
- Flüssigklebstoff
- Lineal, 30 cm lang
- Zirkel
- Tacker
- Filzstifte in verschiedenen Farben
- Markierungspunkte

Für das Basteln von Faltbändern können Sie fast alle im Handel erhältlichen Papiersorten verwenden. Es empfiehlt sich aber, dünnes Papier zu verarbeiten, da Sie dieses besser falten und schneiden können. Tonpapiere mit einer feinen, glatten Oberfläche werden in vielen verschiedenen Farben angeboten. Farbige Geschenkpapiere, Packpapier und Origamipapiere sind ebenso geeignet. Generell sollten Sie gutes Papier mit einer feinen Oberflächenkörnung wählen. Dies ist zwar etwas teurer, aber der Aufpreis lohnt sich, Sie werden dies beim Verarbeiten bemerken.

Arbeitsanleitung

Anfertigen von Schablonen

Auf dem beigefügten Vorlagebogen finden Sie jedes Motiv aus diesem Buch wieder. Diese werden von einer gestrichelten Linie eingerahmt. Die Linie gibt das Format an, auf das Ihr Tonpapier gefaltet werden muss.

Die durchgezogenen Linien begrenzen das eigentliche Motiv, das nach dem Ausschneiden erhalten bleibt. Suchen Sie Ihr Wunschmotiv aus dem Vorlagebogen heraus und schneiden Sie ein ausreichend großes Stück Fotokarton für die Schablone zurecht. Übertragen Sie nun das Motiv auf den Fotokarton, indem Sie Kohlepapier zwischen Motiv und Karton legen und die Umrisse genau nachzeichnen. Anschließend wird das Motiv aus Fotokarton ausgeschnitten und Sie erhalten eine Schablone. Fertigen Sie von allen zum Gesamtmotiv gehörenden Einzelteilen Schablonen an.

Falttechnik

Legen Sie nun die für das Motiv erforderlichen Tonpapierbögen zurecht. Schneiden Sie von Ihrem Bogen einen Streifen ab, die Höhe des Streifens entspricht der ungefähren Höhe des gestrichelten Kästchens auf dem Vorlagebogen, die Breite gibt den Faltabstand an. Die Vorlage wird nun auf den Papierstreifen gelegt und der Abstand eingezeichnet. Anschließend wird mit Hilfe eines Geodreiecks das Tonpapier in entsprechende Abschnitte unterteilt. Falten Sie den Streifen entlang der vorgezeichneten Linie zu einer Ziehharmonika. Dies muss exakt an den Abstandslinien geschehen, damit das Motiv später genau auf den Papierstreifen passt. Falten Sie nicht zu viele Papierlagen aufeinander, sonst lässt sich das Motiv nur noch schwer schneiden.

Übertragen der Motive

Die vorbereitete Schablone wird nun auf den gefalteten Papierstreifen gelegt. Zeichnen Sie die Umrisse der Schablone mit einem Bleistift nach. Auf dunklen Papieren sollten Sie einen weißen Stift verwenden, damit die Linien zu sehen sind.

Ausschneiden der Motive

Sie haben nun das gefaltete Papier mit dem aufgezeichneten Motiv vor sich liegen. Damit Ihnen das Papier beim Ausschneiden nicht verrutscht, sollten Sie es mit einem Tacker an mehreren Stellen zusammenheften.

Nutzen Sie dazu Stellen am Rand des Papiers. Durch das Festtackern können Sie Ihre Arbeit auch unterbrechen und später wieder aufnehmen, ohne dass Sie sich dann verschneiden.

Zum Ausschneiden können Sie entweder einen Cutter oder eine Schere verwenden. Wenn Sie mit einem Cutter arbeiten, benötigen Sie eine feste Schneideunterlage, z.B. eine Schneidematte, dicke Pappe oder eine alte Zeitung. Ich empfehle die Verwendung einer Schere, da sich mit ihr feinere und kleinteiligere Motive schneiden lassen und die Schneideklingen nicht so schnell stumpf werden. Zudem liegt eine Schere sehr viel bequemer in der Hand.

Aufkleben der Motivteile

In diesem Buch werden Faltbänder vorgestellt, die sich aus mehreren Teilen zusammensetzen, d.h. das einzelne Elemente, z.B. Schleifen oder Blätter, separat aufgeklebt werden. Für jedes Teilmotiv sollten Sie auch eine Schablone anfertigen. Legen Sie dann mehrere Lagen Papier in der gewünschten Farbe aufeinander und zeichnen Sie die Schablone auf das oberste Blatt auf. Nun werden die Papierlagen zusammengetackert und das Motiv ausgeschnitten. Nach dem Ausschneiden können die einzelnen Motivteile auf das Faltband geklebt werden.

Herbstliche Faltbänder

1. Igel im Herbstlaub

Material
- Tonpapier in Beige, Dunkelbraun, Hell- und Dunkelgrün, Dunkelgelb, Hell- und Dunkelorange, Schwarz und Weiß
- schwarzer Filzstift

Anleitung
Im Herbst sieht man überall im bunten Laub und auf den Feldern Igel. Diese freundlichen Gesellen sind ein schönes Motiv für ein Faltband.
Übertragen Sie die Vorlage auf das beigefarbene gefaltete Tonpapier und schneiden Sie den Igel aus. Für die Blätter werden Schablonen angefertigt und diese in verschiedenen Farben ausgeschnitten. Zuletzt werden die Blätter, die Augen und die Nase aufgeklebt.

2. Fliegenpilze

Material
- Tonpapier in Beige, Dunkelgrün, Weiß und Rot

Anleitung
Im Herbst sprießen nicht nur die Pilze, die man sammeln und für herrliche Gerichte verwenden kann, sondern auch die Fliegenpilze.
Die Pilzgruppen sind durch eine gemeinsame Bodenlinie miteinander verbunden. Schneiden Sie dieses Faltband aus weißem Tonpapier aus und fertigen Sie anschließend das Gras-Faltband aus grünem Papier, das auf den unteren Teil des weißen Bandes geklebt wird. Nun werden die Pilzköpfe ausgeschnitten und aufgeklebt. Zuletzt wird hinter die Pilzstiele beigefarbenes Tonpapier geklebt, sodass man die eingeschnittene Kontur sehen kann.

3. Birnen

Material

- Tonpapier in Braun, Hell- und Dunkelgrün
- schwarzer Filzstift

Anleitung

Diesem kleinen Wurm läuft sicher beim Anblick der saftigen reifen Birnen das Wasser im Mund zusammen.

Übertragen Sie die Vorlage auf Tonpapier und schneiden Sie das Faltband aus. Fertigen Sie für den Wurm, den Stängel, die Blüte und die Blätter Schablonen an und kleben Sie die Einzelteile anschließend auf die Birnen. Zuletzt werden mit schwarzem Filzstift die Konturen aufgezeichnet.

4. Äpfel

Material

- Tonpapier in Hell- und Dunkelgrün, Rot, Braun und Schwarz
- schwarzer Filzstift

Anleitung

Diese Äpfel sehen wirklich zum Anbeißen aus. Übertragen Sie die Vorlage auf das dunkelgrüne Tonpapier und schneiden Sie das Faltband gemäß der Arbeitsanleitung (s. S. 7) aus. Anschließend werden das Blatt, der Stiel, die Blüte und die rote Apfelhälfte aufgeklebt. Zuletzt werden die Blattadern mit schwarzem Filzstift nachgezogen.

5. Weintrauben

Material
- Tonpapier in Violett und Grün
- schwarzer Filzstift

Anleitung

Diese Weintraubenranke ist ein schöner Vorbote für den Herbst. Die Früchte schmecken nicht nur herrlich, sie erinnern auch an den schmackhaften Wein aus roten Trauben.

Falten Sie das Tonpapier, wie in der Arbeitsanleitung (s. S. 7) angegeben, übertragen Sie die Vorlage auf das Papier und schneiden Sie das Faltband aus. Nun werden Schablonen für die Blätter und Ranken angefertigt.

Schneiden Sie diese aus grünem Tonpapier aus und kleben Sie die Einzelteile gemäß der Abbildung auf. Zuletzt werden mit schwarzem Filzstift die einzelnen Trauben aufgezeichnet.

6. Maiskolben

Material
- Tonpapier in Gelb, Braun und Rot
- schwarzer Filzstift

Anleitung
Dieses Faltband ist ein wunderschöner Schmuck zur Erntedankzeit. Die Maiskolben werden mit einem leuchtend roten Band zusammengehalten.

Übertragen Sie das Motiv auf das zuvor gefaltete Tonpapier und schneiden Sie es anschließend aus. Für die Maiskolben und die Schleife werden Schablonen angefertigt.

Übertragen Sie diese auf Tonpapier, schneiden Sie die Einzelteile aus und kleben Sie sie anschließend auf. Zuletzt werden mit Filzstift die Maiskörner aufgezeichnet.

7. Goldenes Korn

Material
- Tonpapier in Hell- und Dunkelgelb, Braun und Rot
- schwarzer Filzstift

Anleitung
Im Herbst reifen die Ähren und das Korn kann geerntet werden. Auf einem Erntedanktisch dürfen Kornähren niemals fehlen. Schneiden Sie jeweils eine Schablone für die Einzelteile aus. Nachdem das Faltband aus hellgelbem Tonpapier geschnitten wurde, können die farbigen Teile aufgeklebt werden. Die braunen Ährenspitzen werden von hinten aufgeklebt. Zuletzt werden mit dem Filzstift die Konturen nachgezeichnet.

8. Kürbiskette

Material
- Tonpapier in Orange und Dunkelgrün
- schwarzer Filzstift

Anleitung

Kürbis ist ein typisches Herbstgemüse, aus dem sich viele leckere Sachen zubereiten lassen. Für dieses Faltband wurden zwei Bänder geschnitten und anschließend zu einem Motiv zusammengefügt. Fertigen Sie sich eine Schablone für die Kürbisse an, eine für die Blätter und zusätzlich eine für die Konturen auf den Kürbissen, da sich diese möglichst auf allen Früchten wiederholen sollten. Mit Schablone und Kohlepapier übertragen Sie später diese Konturen auf das Tonpapier. Bedenken Sie dabei, dass jedes zweite Muster spiegelverkehrt ist.

9. Blumenkörbe

Material
- Tonpapier in Braun, Dunkelgrün, Orange, Dunkelgelb und Gelb
- Filzstift in Orange und Schwarz

Anleitung

Dieses Faltband ist eine wunderschöne Dekoration für den Flur oder das Wohnzimmer. Natürlich sehen die Blumenkörbe auch am Fenster hübsch aus.
Schneiden Sie jeweils eine Schablone für den Korb, die Blätter und die Blüten aus. Nachdem das Faltband ausgeschnitten wurde, können die Blüten und Blätter aufgeklebt werden. Zuletzt werden mit dem Filzstift Punkte in die Blütenstempel gemalt und Blattadern nachgezeichnet.

10. Sonnenblumen

Material
- Tonpapier in Dunkelgelb, Braun und Orange
- schwarzer Filzstift

Anleitung
Sonnenblumen sind die letzten Boten des Sommers und die ersten des Herbstes. Wenn die Früchte reif sind, lassen sich die Kerne ganz leicht aus den großen Blütenstempeln lösen.
Schneiden Sie die Sonnenblume aus gelbem Tonpapier aus und führen Sie die feinen Innenschnitte mit einem Cutter aus. Nun werden Schablonen für die Blütenmitte angefertigt und zuerst die orangefarbene, dann die braune aufgeklebt. Zuletzt werden mit schwarzem Filzstift die Konturen aufgezeichnet.

11. Herbstlich-bunte Bäume

Material
- Tonpapier in Braun, Dunkelgelb, in drei verschiedenen Orangetönen und Rot

Anleitung
Diese herbstlich-bunten Laubbäume sind nicht nur ein Farbtupfer für Ihr Fenster, auch als Dekoration in der Küche oder im Flur kommen sie gut zur Geltung.
Schneiden Sie ein Faltband aus hellbraunem Tonpapier aus und kleben Sie dann die farbigen Flecken als bunte Blätterkrone auf.
Um hierfür Schablonen anfertigen zu können, sollten Sie die einzelnen Teile zuerst auseinander schneiden.

12. Eichenlaub

Material
- Tonpapier in Hellbraun, Hell- und Dunkelgrün
- schwarzer Filzstift

Anleitung
Im Herbst reifen die Eicheln heran, sodass die Bäume mit diesen Früchten voll hängen.
Übertragen Sie die Vorlage auf das gefaltete Tonpapier und schneiden Sie das Faltband aus. Für die hellgrünen Blätter und die Eicheln werden Schablonen angefertigt, aus grünem und braunem Tonpapier ausgeschnitten und schließlich auf das Band geklebt. Zuletzt werden mit Filzstift die Blattadern aufgezeichnet.

13. Eichhörnchen

Material
- Tonpapier in Braun und Dunkelgrün
- schwarzer Filzstift

Anleitung
Diese Eichhörnchen sind fleißig am Nüsse sammeln, damit sie sich einen Vorrat für den Winter anlegen können. Vielleicht wird aber schon hier und da eine Nuss genascht. Fertigen Sie sich Schablonen von den Eichhörnchen und den Blättern an. Nun wird das Papier gefaltet, das Motiv übertragen, dann ausgeschnitten und die einzelnen Blätter aufgeklebt. Zuletzt werden mit Filzstift die Konturen und das Gesicht aufgezeichnet.

14. Herbstlaub

Material
- Tonpapier in Braun
- Transparentpapier in Orange, Rot, Hell- und Dunkelgrün

Anleitung

Dieser farbige Blätterreigen wirkt besonders schön an Ihrem Fenster. Wenn die Sonne scheint, leuchten die Blätter in allen Herbstfarben. Übertragen Sie die Vorlage auf das braune Tonpapier, falten Sie es und schneiden Sie das Faltband aus.

Nun wird das farbige Transparentpapier von hinten gegen die Blätter geklebt. Sie können die Farben, wie auf der Abbildung zu sehen ist, immer in Paaren anordnen, oder ein kunterbuntes Faltband zusammenstellen.

15. Blätterranken

Material
- Tonpapier in Hell- und Dunkelgrün
- schwarzer Filzstift

Anleitung
Bei diesen Faltbändern wurde zweimal dasselbe Motiv verarbeitet, einmal mit und einmal ohne Ranke, die die Blätter verbinden. Falten Sie den Papierstreifen, übertragen Sie die Vorlage auf das Tonpapier und schneiden Sie das Faltband aus. Zuletzt werden die Blattadern mit schwarzem Filzstift aufgetragen.

16. Vogelscheuchen

Material

- Tonpapier in Beige, Hell- und Dunkelorange, Hell- und Dunkelgrün, Blau, Gelb und Rot
- Markierungspunkte in verschiedenen Farben, 8 mm ∅

Anleitung

Diese bunten Vogelscheuchen stehen auf den Feldern Wache, um die frechen Vögel davon abzuhalten, das reife Getreide zu stibitzen.

Die Hauptschablone für dieses Faltband umfasst die Getreideähren am Boden und den Stamm mit den Strohbüscheln an Hand und Hals der Figur.

Der Kürbiskopf, die Haare und der Hut werden nachträglich aufgeklebt.

Die Knopfleisten auf den Hemden ergänzen Sie durch farbige Markierungspunkte.

17. Lustige Drachen

Material
- Tonpapier in Hell- und Dunkelgrün, Gelb, Blau, Violett, Schwarz und Rot
- schwarze Markierungspunkte, 8 mm ∅
- schwarzer Filzstift

Anleitung

Diese lustigen Drachen tanzen durch den pfeifenden Herbstwind. Als ganze Reihe sehen sie besonders hübsch aus.

Fertigen Sie für die Drachen eine Schablone mit Innenschnitt an. Wenn Sie das Faltband ausgeschnitten haben, können die Drachen mit farbigem Tonpapier hinterklebt werden.

Kleben Sie die Drachenschnur an das untere Ende eines jeden Drachen. Darauf werden rote Schleifen geklebt und in deren Mitte ein Markierungspunkt.

Zuletzt werden die Punkte als Augen aufgeklebt und mit Filzstift wird ein lachendes Gesicht gemalt.

18. Regenschirme

Material

- Tonpapier in Hellgrün und Rot

Anleitung

Diese Faltbänder werden aus einem Stück Papier geschnitten. Das Regenschirmornament lässt sich in vielen verschiedenen Farben anfertigen und am Fenster zusammenstellen.

Falten Sie, wie in der Arbeitsanleitung beschrieben (siehe Seite 7), einen Streifen Tonpapier und übertragen Sie das Motiv vom Vorlagebogen.

Anschließend wird das Faltband ausgeschnitten.

19. Regenmännchen

Material
- Tonpapier in Beige, Gelb, Blau und Schwarz
- blaue Markierungspunkte, 8 mm ∅
- schwarzer Filzstift

Anleitung
Dieses Band begegnet dem manchmal tristen und nassen Herbstwetter mit freundlichen und hellen Farben.

Schneiden Sie das Faltband aus gelbem Tonpapier aus und falten Sie es auseinander. Für die Gesichter, Hüte und Regenschirme werden Schablonen angefertigt und die einzelnen Teile anschließend ausgeschnitten und aufgeklebt. Zuletzt werden die Konturen der Regenkleidung und die Gesichter aufgemalt, die Knöpfe sind blaue Markierungspunkte, die jeweils in einer Reihe von zwei oder drei Punkten aufgeklebt werden.

20. Wolken

Material

- Tonpapier in Hellblau, Dunkelblau und Weiß

Anleitung

Der Herbst ist auch eine Zeit, in der es regnet und stürmt. Diese Regenwolken sehen aber trotzdem sehr freundlich aus.

Übertragen Sie die kleinere Vorlage auf das hellblaue Tonpapier, die größere auf das weiße Tonpapier.

Nun falten Sie das Papier und schneiden die Bänder aus. Anschließend wird das hellblaue Faltband auf das weiße Band geklebt.

Zuletzt werden die dunkelblauen Regentropfen aufgeklebt.

21. Halloween

Material
- Tonpapier in Orange und Braun
- schwarzer Filzstift

Anleitung

Diese fast zahnlosen Halloween-Gesichter grinsen den Betrachter frech an. Das Kürbisschnitzen ist gar nicht so einfach, umso leichter ist es, ein Faltband aus Papier zu schneiden.

Schneiden Sie das Faltband aus orangefarbenem Tonpapier aus und fertigen Sie eine Schablone für den braunen Strunk an. Zuletzt werden die ausgeschnittenen Flächen mit braunem Tonkarton hinterklebt und die Konturen mit Filzstift nachgemalt.

22. Hexentanz

Material
- Tonpapier in Gelb und Schwarz

Anleitung
Die Hexen reiten in einer dunklen Herbstnacht auf ihren Besen zum Blocksberg und feiern ein rauschendes Fest. Dieses Faltband sieht fast schon wie ein Scherenschnitt aus, es wurde nur noch durch den blassen Mond und die Nachtvögel ergänzt. Übertragen Sie das Motiv vom Vorlagebogen, falten Sie das Papier und schneiden Sie das Faltband aus.
Für die Vögel fertigen Sie ebenfalls Schablonen an. Nehmen Sie nun 3,5 cm in den Zirkel und zeichnen Sie Kreise mit einem Durchmesser von 7 cm auf das gelbe Tonpapier. Diese Papierkreise werden anschließend hinter die Hexen geklebt und zum Schluss werden die Nachtvögel aufgeklebt.

23. Geistertanz

Material

- Tonpapier in Orange und Weiß

Anleitung

Die Geister haben zur Halloween-Party eingeladen und amüsieren sich prächtig. Schneiden Sie das Faltband aus weißem Tonpapier aus, führen Sie auch die Innenschnitte entweder mit einer Schere oder einem Cutter aus. Nun wird das Band auf orangefarbenes Tonpapier geklebt und die Gespenster etwa 0,5 cm vom äußeren Rand entfernt ausgeschnitten.

ENGLISCH VERLAG Bücher für Kreative

ISBN 3-8241-0862-3
Broschur, 32 S., Vorlageb.

ISBN 3-8241-0837-2
Broschur, 16 S., 2 Vorlageb.

ISBN 3-8241-0833-X
Broschur, 32 S., 2 Vorlageb.

ISBN 3-8241-0842-9
Broschur, 32 S., Vorlageb.

ISBN 3-8241-0814-3
Broschur, 32 S., Vorlageb.

Lust auf Mehr?

Liebe Leserin, lieber Leser,
natürlich haben wir noch viele andere Bücher im Programm.
Gerne senden wir Ihnen unser Gesamtverzeichnis zu.
Auch auf Ihre Anregungen und Vorschläge sind wir gespannt.
Rufen Sie uns einfach an oder schreiben Sie uns.

Englisch Verlag GmbH
Postfach 2309 · 65013 Wiesbaden
Telefon 06 11/9 42 72-0 · Telefax 06 11/9 42 72 30
E-Mail englisch@englisch-verlag.de
Internet http://www.englisch-verlag.de